Falls gefunden, wenden Sie sich bitte an

_____

_____

© Edward Buth
www.kalendarium24.de

# Unser Angebot

**Produktion und –Distribution**

Redaktionsbüro Lindo

**Scan mich!** Weitere Kalender und Terminplaner, die ebenfalls für Sie interessant sind!

**Kalendarium24.de**

ISBN: **9781694044587**
Imprint: Independently published

# Impressum

## Business Organizer 2020
Terminplaner, Timer und Kalender für das eigene Zeitmanagement

von Edward Buth

Der vorliegende Titel wurde mit großer Sorgfalt erstellt. Dennoch können Fehler nicht vollkommen ausgeschlossen werden. Der Autor und das Team von **Kalendarium24.de** übernehmen daher keine juristische Verantwortung und keinerlei Haftung für Schäden, die aus der Benutzung dieses Buches oder Teilen davon entstehen. Insbesondere sind der Autor und das Team von **Kalendarium24.de** nicht verpflichtet, Folge- oder mittelbare Schäden zu ersetzen.

Alle Warennamen werden ohne Gewährleistung der freien Verwendbarkeit benutzt und sind möglicherweise eingetragene Warenzeichen. Der Verlag richtet sich im Wesentlichen nach den Schreibweisen der Hersteller.

Cover-Foto: © Redaktionsbüro Lindo

Das Werk einschließlich aller seiner Teile ist urheberrechtlich geschützt. Jede Verwertung - auch auszugsweise - ist nur mit Zustimmung des Autors/Verlages erlaubt. Alle Rechte vorbehalten.

© 2019 by Wilfred Lindo Marketingberatung / Redaktionsbüro Lindo

# Business Organizer 2020

Auch das Jahr **2020** soll beruflich ein voller Erfolg werden. Dazu müssen zunächst die angestrebten Ziele festgelegt werden. Nur wer überprüfbare Ziele für das Jahr festlegt, kann diese auch in die Tat umsetzen. Auf rund 240 Seiten bietet der vorliegende **Business Organizer** genügend Raum, um die gesetzten Ziele erfolgreich zu planen, umzusetzen und bei Bedarf zu korrigieren.

Idealerweise definieren Sie gleich zu Beginn des Jahres die eigenen **beruflichen und finanziellen Ziele**. Anschließend können Sie diese Vorgaben monatlich, wöchentlich und täglich überprüfen. Sie sind somit mit dem Business Planer 2020 in der Lage, Ihre Ziele über das gesamte Jahr zu verfolgen. Genau dieser Ansatz ist der Ausgangspunkt für den eigenen beruflichen Erfolg.

Nicht zu vernachlässigen ist natürlich auch das eigene Einkommen. Auch hier bietet der Organizer die notwendigen **Planungshilfen**. Die eigenen Aufgaben und Aktivitäten lassen sich dabei nach Wichtigkeit verteilen. Der Organizer ist der optimale **tägliche Begleiter**, wenn es darum geht, jeden Tag erfolgreich zu bewältigen. Nur wer sich auf die wesentlichen beruflichen Dinge konzentriert, ist tatsächlich erfolgreich.

Mit dem Business Organizer 2020 können Sie zu jeder Zeit prüfen, ob Sie weiterhin die gesetzten Ziele verfolgen. Zusätzlich Mit dem monatlichen Resümee behalten Sie das gesamte Jahr im Überblick. Mit dem aktuellen Business Organizer lassen sich mühelos alle anfallenden Aktivitäten planen. Der neue Organizer ist der erste Baustein für **den eigenen beruflichen Erfolg**.

## Berufliche Ziele für 2020

1 ..................................................................
..................................................................

2 ..................................................................
..................................................................

3 ..................................................................
..................................................................

4 ..................................................................
..................................................................

## Persönliche Ziele für 2020

1 ..................................................................
..................................................................

2 ..................................................................
..................................................................

3 ..................................................................
..................................................................

4 ..................................................................
..................................................................

## Karriereplan für 2020

..................................................................................................................................
..................................................................................................................................
..................................................................................................................................
..................................................................................................................................
..................................................................................................................................
..................................................................................................................................
..................................................................................................................................
..................................................................................................................................
..................................................................................................................................
..................................................................................................................................
..................................................................................................................................
..................................................................................................................................

# Jahreseinkommen

| Monat | Bruttoeinkommen gesamt | Bruttoaufwendungen gesamt | Gesamt-Nettoeinkommen |
|---|---|---|---|
| Januar | | | |
| Februar | | | |
| März | | | |
| April | | | |
| Mai | | | |
| Juni | | | |
| Juli | | | |
| August | | | |
| September | | | |
| Oktober | | | |
| November | | | |
| Dezember | | | |
| Gesamt | | | |

# Einsparungen

| Sparen für | | Zielbetrag | |
| --- | --- | --- | --- |
| | | Einsparung | |

| Datum | Details | Betrag | Saldo |
| --- | --- | --- | --- |
| | Saldo | | |
| | | | |
| | | | |
| | | | |
| | | | |
| | | | |
| | | | |
| | | | |
| | | | |
| | | | |
| | | | |
| | | | |
| | | | |
| | | | |
| | | | |
| | | | |
| | | | |
| | | | |
| | | | |
| | Gesamtbetrag | | |

# 2020

## Januar
| M | D | M | D | F | S | S |
|---|---|---|---|---|---|---|
|   |   | 1 | 2 | 3 | 4 | 5 |
| 6 | 7 | 8 | 9 | 10 | 11 | 12 |
| 13 | 14 | 15 | 16 | 17 | 18 | 19 |
| 20 | 21 | 22 | 23 | 24 | 25 | 26 |
| 27 | 28 | 29 | 30 | 31 |   |   |

## Februar
| M | D | M | D | F | S | S |
|---|---|---|---|---|---|---|
|   |   |   |   |   | 1 | 2 |
| 3 | 4 | 5 | 6 | 7 | 8 | 9 |
| 10 | 11 | 12 | 13 | 14 | 15 | 16 |
| 17 | 18 | 19 | 20 | 21 | 22 | 23 |
| 24 | 25 | 26 | 27 | 28 | 29 |   |

## März
| M | D | M | D | F | S | S |
|---|---|---|---|---|---|---|
|   |   |   |   |   |   | 1 |
| 2 | 3 | 4 | 5 | 6 | 7 | 8 |
| 9 | 10 | 11 | 12 | 13 | 14 | 15 |
| 16 | 17 | 18 | 19 | 20 | 21 | 22 |
| 23 | 24 | 25 | 26 | 27 | 28 | 29 |
| 30 | 31 |   |   |   |   |   |

## April
| M | D | M | D | F | S | S |
|---|---|---|---|---|---|---|
|   |   | 1 | 2 | 3 | 4 | 5 |
| 6 | 7 | 8 | 9 | 10 | 11 | 12 |
| 13 | 14 | 15 | 16 | 17 | 18 | 19 |
| 20 | 21 | 22 | 23 | 24 | 25 | 26 |
| 27 | 28 | 29 | 30 |   |   |   |

## Mai
| M | D | M | D | F | S | S |
|---|---|---|---|---|---|---|
|   |   |   |   | 1 | 2 | 3 |
| 4 | 5 | 6 | 7 | 8 | 9 | 10 |
| 11 | 12 | 13 | 14 | 15 | 16 | 17 |
| 18 | 19 | 20 | 21 | 22 | 23 | 24 |
| 25 | 26 | 27 | 28 | 29 | 30 | 31 |

## Juni
| M | D | M | D | F | S | S |
|---|---|---|---|---|---|---|
| 1 | 2 | 3 | 4 | 5 | 6 | 7 |
| 8 | 9 | 10 | 11 | 12 | 13 | 14 |
| 15 | 16 | 17 | 18 | 19 | 20 | 21 |
| 22 | 23 | 24 | 25 | 26 | 27 | 28 |
| 29 | 30 |   |   |   |   |   |

## Juli
| M | D | M | D | F | S | S |
|---|---|---|---|---|---|---|
|   |   | 1 | 2 | 3 | 4 | 5 |
| 6 | 7 | 8 | 9 | 10 | 11 | 12 |
| 13 | 14 | 15 | 16 | 17 | 18 | 19 |
| 20 | 21 | 22 | 23 | 24 | 25 | 26 |
| 27 | 28 | 29 | 30 | 31 |   |   |

## August
| M | D | M | D | F | S | S |
|---|---|---|---|---|---|---|
|   |   |   |   |   | 1 | 2 |
| 3 | 4 | 5 | 6 | 7 | 8 | 9 |
| 10 | 11 | 12 | 13 | 14 | 15 | 16 |
| 17 | 18 | 19 | 20 | 21 | 22 | 23 |
| 24 | 25 | 26 | 27 | 28 | 29 | 30 |
| 31 |   |   |   |   |   |   |

## September
| M | D | M | D | F | S | S |
|---|---|---|---|---|---|---|
|   | 1 | 2 | 3 | 4 | 5 | 6 |
| 7 | 8 | 9 | 10 | 11 | 12 | 13 |
| 14 | 15 | 16 | 17 | 18 | 19 | 20 |
| 21 | 22 | 23 | 24 | 25 | 26 | 27 |
| 28 | 29 | 30 |   |   |   |   |

## Oktober
| M | D | M | D | F | S | S |
|---|---|---|---|---|---|---|
|   |   |   | 1 | 2 | 3 | 4 |
| 5 | 6 | 7 | 8 | 9 | 10 | 11 |
| 12 | 13 | 14 | 15 | 16 | 17 | 18 |
| 19 | 20 | 21 | 22 | 23 | 24 | 25 |
| 26 | 27 | 28 | 29 | 30 | 31 |   |

## November
| M | D | M | D | F | S | S |
|---|---|---|---|---|---|---|
|   |   |   |   |   |   | 1 |
| 2 | 3 | 4 | 5 | 6 | 7 | 8 |
| 9 | 10 | 11 | 12 | 13 | 14 | 15 |
| 16 | 17 | 18 | 19 | 20 | 21 | 22 |
| 23 | 24 | 25 | 26 | 27 | 28 | 29 |
| 30 |   |   |   |   |   |   |

## Dezember
| M | D | M | D | F | S | S |
|---|---|---|---|---|---|---|
|   | 1 | 2 | 3 | 4 | 5 | 6 |
| 7 | 8 | 9 | 10 | 11 | 12 | 13 |
| 14 | 15 | 16 | 17 | 18 | 19 | 20 |
| 21 | 22 | 23 | 24 | 25 | 26 | 27 |
| 28 | 29 | 30 | 31 |   |   |   |

| Mo. | Di. | Mi. | Do. | Fr. | Sa. | So. |
|---|---|---|---|---|---|---|
|  |  | 1 | 2 | 3 | 4 | 5 |
| 6 | 7 | 8 | 9 | 10 | 11 | 12 |
| 13 | 14 | 15 | 16 | 17 | 18 | 19 |
| 20 | 21 | 22 | 23 | 24 | 25 | 26 |
| 27 | 28 | 29 | 30 | 31 |  |  |

# Januar
## 2020

| Ziele | Belohnungen |
|---|---|
|  |  |
|  |  |
|  |  |
|  |  |
|  |  |

## Montag - 30. Dez 2019

## Dienstag - 31. Dez 2019

## Mittwoch - 01. Jan 2020

## Donnerstag - 02. Jan 2020

## Freitag - 03. Jan 2020

## Samstag - 04. Jan 2020

## Sonntag - 05. Jan 2020

### Anmerkungen

|  Wichtiges  |  Eiliges  |
|---|---|
|  |  |

|  Unwichtiges  |  Nicht Eiliges  |
|---|---|
|  |  |

## Vorbereiten

..............................................................
..............................................................
..............................................................
..............................................................
..............................................................
..............................................................
..............................................................
..............................................................
..............................................................
..............................................................

## Verfolgen

..............................................................
..............................................................
..............................................................
..............................................................
..............................................................
..............................................................
..............................................................
..............................................................
..............................................................
..............................................................

## Lesen

..............................................................
..............................................................
..............................................................
..............................................................
..............................................................
..............................................................
..............................................................
..............................................................
..............................................................
..............................................................

## Anschauen

..............................................................
..............................................................
..............................................................
..............................................................
..............................................................
..............................................................
..............................................................
..............................................................
..............................................................
..............................................................

## Montag - 06. Jan 2020

..................................................
..................................................
..................................................
..................................................
..................................................
..................................................
..................................................

## Dienstag - 07. Jan 2020

..................................................
..................................................
..................................................
..................................................
..................................................
..................................................
..................................................

## Mittwoch - 08. Jan 2020

..................................................
..................................................
..................................................
..................................................
..................................................
..................................................
..................................................

## Donnerstag - 09. Jan 2020

..................................................
..................................................
..................................................
..................................................
..................................................
..................................................
..................................................

## Freitag - 10. Jan 2020

..................................................
..................................................
..................................................
..................................................
..................................................
..................................................
..................................................

## Samstag - 11. Jan 2020

..................................................
..................................................
..................................................
..................................................
..................................................
..................................................
..................................................

## Sonntag - 12. Jan 2020

### Anmerkungen

|  Wichtiges  |  Eiliges  |
|---|---|
|  |  |

|  Unwichtiges  |  Nicht Eiliges  |
|---|---|
|  |  |

| Vorbereiten | Verfolgen |
|---|---|
| | |

| Lesen | Anschauen |
|---|---|
| | |

## Montag - 13. Jan 2020

..................................................................
..................................................................
..................................................................
..................................................................
..................................................................
..................................................................
..................................................................

## Dienstag - 14. Jan 2020

..................................................................
..................................................................
..................................................................
..................................................................
..................................................................
..................................................................
..................................................................

## Mittwoch - 15. Jan 2020

..................................................................
..................................................................
..................................................................
..................................................................
..................................................................
..................................................................
..................................................................

## Donnerstag - 16. Jan 2020

..................................................................
..................................................................
..................................................................
..................................................................
..................................................................
..................................................................
..................................................................

## Freitag - 17. Jan 2020

..................................................................
..................................................................
..................................................................
..................................................................
..................................................................
..................................................................
..................................................................

## Samstag - 18. Jan 2020

..................................................................
..................................................................
..................................................................
..................................................................
..................................................................
..................................................................
..................................................................

## Sonntag - 19. Jan 2020

## Anmerkungen

|  Wichtiges  |  Eiliges  |
|---|---|
|   |   |

|  Unwichtiges  |  Nicht Eiliges  |
|---|---|
|   |   |

## Vorbereiten

## Verfolgen

## Lesen

## Anschauen

## Montag - 20. Jan 2020

## Dienstag - 21. Jan 2020

## Mittwoch - 22. Jan 2020

## Donnerstag - 23. Jan 2020

## Freitag - 24. Jan 2020

## Samstag - 25. Jan 2020

## Sonntag - 26. Jan 2020

..................................................................................................................................
..................................................................................................................................
..................................................................................................................................
..................................................................................................................................
..................................................................................................................................
..................................................................................................................................

## Anmerkungen

|  Wichtiges  |  Eiliges  |
| --- | --- |
|  |  |

|  Unwichtiges  |  Nicht Eiliges  |
| --- | --- |
|  |  |

## Vorbereiten

........................................................
........................................................
........................................................
........................................................
........................................................
........................................................
........................................................
........................................................
........................................................
........................................................

## Verfolgen

........................................................
........................................................
........................................................
........................................................
........................................................
........................................................
........................................................
........................................................
........................................................
........................................................

## Lesen

........................................................
........................................................
........................................................
........................................................
........................................................
........................................................
........................................................
........................................................
........................................................
........................................................

## Anschauen

........................................................
........................................................
........................................................
........................................................
........................................................
........................................................
........................................................
........................................................
........................................................
........................................................

## Montag - 27. Jan 2020

## Dienstag - 28. Jan 2020

## Mittwoch - 29. Jan 2020

## Donnerstag - 30. Jan 2020

## Freitag - 31. Jan 2020

## Samstag - 01. Feb 2020

## Sonntag - 02. Feb 2020

### Anmerkungen

## Wichtiges

........................................................
........................................................
........................................................
........................................................
........................................................
........................................................
........................................................
........................................................
........................................................
........................................................

## Eiliges

........................................................
........................................................
........................................................
........................................................
........................................................
........................................................
........................................................
........................................................
........................................................
........................................................

## Unwichtiges

........................................................
........................................................
........................................................
........................................................
........................................................
........................................................
........................................................
........................................................
........................................................
........................................................

## Nicht Eiliges

........................................................
........................................................
........................................................
........................................................
........................................................
........................................................
........................................................
........................................................
........................................................
........................................................

## Vorbereiten

..................................................
..................................................
..................................................
..................................................
..................................................
..................................................
..................................................
..................................................
..................................................
..................................................

## Verfolgen

..................................................
..................................................
..................................................
..................................................
..................................................
..................................................
..................................................
..................................................
..................................................
..................................................

## Lesen

..................................................
..................................................
..................................................
..................................................
..................................................
..................................................
..................................................
..................................................
..................................................
..................................................

## Anschauen

..................................................
..................................................
..................................................
..................................................
..................................................
..................................................
..................................................
..................................................
..................................................
..................................................

# Monatlicher Überblick

## Was funktioniert gut?

..................................................................................................................................
..................................................................................................................................
..................................................................................................................................
..................................................................................................................................
..................................................................................................................................

## Was muss geändert werden?

..................................................................................................................................
..................................................................................................................................
..................................................................................................................................
..................................................................................................................................
..................................................................................................................................

## Verbesserungen

..................................................................................................................................
..................................................................................................................................
..................................................................................................................................
..................................................................................................................................
..................................................................................................................................

| Mo. | Di. | Mi. | Do. | Fr. | Sa. | So. |
|---|---|---|---|---|---|---|
|  |  |  |  |  | 1 | 2 |
| 3 | 4 | 5 | 6 | 7 | 8 | 9 |
| 10 | 11 | 12 | 13 | 14 | 15 | 16 |
| 17 | 18 | 19 | 20 | 21 | 22 | 23 |
| 24 | 25 | 26 | 27 | 28 | 29 |  |

# Februar
## 2020

| Ziele | Belohnungen |
|---|---|
|  |  |
|  |  |
|  |  |
|  |  |
|  |  |

## Montag - 03. Feb 2020

## Dienstag - 04. Feb 2020

## Mittwoch - 05. Feb 2020

## Donnerstag - 06. Feb 2020

## Freitag - 07. Feb 2020

## Samstag - 08. Feb 2020

## Sonntag - 09. Feb 2020

## Anmerkungen

|  Wichtiges  |  Eiliges  |
|---|---|
|   |   |

|  Unwichtiges  |  Nicht Eiliges  |
|---|---|
|   |   |

|       Vorbereiten       |        Verfolgen        |
|-------------------------|-------------------------|
|                         |                         |

|          Lesen          |        Anschauen        |
|-------------------------|-------------------------|
|                         |                         |

## Montag - 10. Feb 2020

## Dienstag - 11. Feb 2020

## Mittwoch - 12. Feb 2020

## Donnerstag - 13. Feb 2020

## Freitag - 14. Feb 2020

## Samstag - 15. Feb 2020

## Sonntag - 16. Feb 2020

## Anmerkungen

## Wichtiges

..................................................
..................................................
..................................................
..................................................
..................................................
..................................................
..................................................
..................................................
..................................................

## Eiliges

..................................................
..................................................
..................................................
..................................................
..................................................
..................................................
..................................................
..................................................
..................................................

## Unwichtiges

..................................................
..................................................
..................................................
..................................................
..................................................
..................................................
..................................................
..................................................
..................................................

## Nicht Eiliges

..................................................
..................................................
..................................................
..................................................
..................................................
..................................................
..................................................
..................................................
..................................................

## Vorbereiten

## Verfolgen

## Lesen

## Anschauen

## Montag - 17. Feb 2020

..................................................
..................................................
..................................................
..................................................
..................................................
..................................................
..................................................

## Dienstag - 18. Feb 2020

..................................................
..................................................
..................................................
..................................................
..................................................
..................................................
..................................................

## Mittwoch - 19. Feb 2020

..................................................
..................................................
..................................................
..................................................
..................................................
..................................................
..................................................

## Donnerstag - 20. Feb 2020

..................................................
..................................................
..................................................
..................................................
..................................................
..................................................
..................................................

## Freitag - 21. Feb 2020

..................................................
..................................................
..................................................
..................................................
..................................................
..................................................
..................................................

## Samstag - 22. Feb 2020

..................................................
..................................................
..................................................
..................................................
..................................................
..................................................
..................................................

## Sonntag - 23. Feb 2020

### Anmerkungen

|  Wichtiges  |  Eiliges  |
| --- | --- |
| ............................................................ | ............................................................ |
| ............................................................ | ............................................................ |
| ............................................................ | ............................................................ |
| ............................................................ | ............................................................ |
| ............................................................ | ............................................................ |
| ............................................................ | ............................................................ |
| ............................................................ | ............................................................ |
| ............................................................ | ............................................................ |
| ............................................................ | ............................................................ |
| ............................................................ | ............................................................ |

|  Unwichtiges  |  Nicht Eiliges  |
| --- | --- |
| ............................................................ | ............................................................ |
| ............................................................ | ............................................................ |
| ............................................................ | ............................................................ |
| ............................................................ | ............................................................ |
| ............................................................ | ............................................................ |
| ............................................................ | ............................................................ |
| ............................................................ | ............................................................ |
| ............................................................ | ............................................................ |
| ............................................................ | ............................................................ |
| ............................................................ | ............................................................ |

## Vorbereiten

## Verfolgen

## Lesen

## Anschauen

## Montag - 24. Feb 2020

..........................................................
..........................................................
..........................................................
..........................................................
..........................................................
..........................................................
..........................................................

## Dienstag - 25. Feb 2020

..........................................................
..........................................................
..........................................................
..........................................................
..........................................................
..........................................................
..........................................................

## Mittwoch - 26. Feb 2020

..........................................................
..........................................................
..........................................................
..........................................................
..........................................................
..........................................................
..........................................................

## Donnerstag - 27. Feb 2020

..........................................................
..........................................................
..........................................................
..........................................................
..........................................................
..........................................................
..........................................................

## Freitag - 28. Feb 2020

..........................................................
..........................................................
..........................................................
..........................................................
..........................................................
..........................................................
..........................................................

## Samstag - 29. Feb 2020

..........................................................
..........................................................
..........................................................
..........................................................
..........................................................
..........................................................
..........................................................

## Sonntag - 01. März 2020

## Anmerkungen

## Wichtiges

..................................................
..................................................
..................................................
..................................................
..................................................
..................................................
..................................................
..................................................
..................................................
..................................................

## Eiliges

..................................................
..................................................
..................................................
..................................................
..................................................
..................................................
..................................................
..................................................
..................................................
..................................................

## Unwichtiges

..................................................
..................................................
..................................................
..................................................
..................................................
..................................................
..................................................
..................................................
..................................................
..................................................

## Nicht Eiliges

..................................................
..................................................
..................................................
..................................................
..................................................
..................................................
..................................................
..................................................
..................................................
..................................................

## Vorbereiten

## Verfolgen

## Lesen

## Anschauen

# Monatlicher Überblick

## Was funktioniert gut?

..................................................................................................................................................
..................................................................................................................................................
..................................................................................................................................................
..................................................................................................................................................
..................................................................................................................................................
..................................................................................................................................................

## Was muss geändert werden?

..................................................................................................................................................
..................................................................................................................................................
..................................................................................................................................................
..................................................................................................................................................
..................................................................................................................................................
..................................................................................................................................................

## Verbesserungen

..................................................................................................................................................
..................................................................................................................................................
..................................................................................................................................................
..................................................................................................................................................
..................................................................................................................................................
..................................................................................................................................................

| Mo. | Di. | Mi. | Do. | Fr. | Sa. | So. |
|---|---|---|---|---|---|---|
|  |  |  |  |  |  | 1 |
| 2 | 3 | 4 | 5 | 6 | 7 | 8 |
| 9 | 10 | 11 | 12 | 13 | 14 | 15 |
| 16 | 17 | 18 | 19 | 20 | 21 | 22 |
| 23 | 24 | 25 | 26 | 27 | 28 | 29 |
| 30 | 31 |  |  |  |  |  |

# März
## 2020

| Ziele | Belohnungen |
|---|---|
|  |  |
|  |  |
|  |  |
|  |  |
|  |  |

## Montag - 02. März 2020

..................................................
..................................................
..................................................
..................................................
..................................................
..................................................
..................................................

## Dienstag - 03. März 2020

..................................................
..................................................
..................................................
..................................................
..................................................
..................................................
..................................................

## Mittwoch - 04. März 2020

..................................................
..................................................
..................................................
..................................................
..................................................
..................................................
..................................................

## Donnerstag - 05. März 2020

..................................................
..................................................
..................................................
..................................................
..................................................
..................................................
..................................................

## Freitag - 06. März 2020

..................................................
..................................................
..................................................
..................................................
..................................................
..................................................
..................................................

## Samstag - 07. März 2020

..................................................
..................................................
..................................................
..................................................
..................................................
..................................................
..................................................

## Sonntag - 08. März 2020

### Anmerkungen

| Wichtiges | Eiliges |
|---|---|
| | |

| Unwichtiges | Nicht Eiliges |
|---|---|
| | |

## Vorbereiten

## Verfolgen

## Lesen

## Anschauen

## Montag - 09. März 2020

..............................................................
..............................................................
..............................................................
..............................................................
..............................................................
..............................................................
..............................................................

## Dienstag - 10. März 2020

..............................................................
..............................................................
..............................................................
..............................................................
..............................................................
..............................................................
..............................................................

## Mittwoch - 11. März 2020

..............................................................
..............................................................
..............................................................
..............................................................
..............................................................
..............................................................
..............................................................

## Donnerstag - 12. März 2020

..............................................................
..............................................................
..............................................................
..............................................................
..............................................................
..............................................................
..............................................................

## Freitag - 13. März 2020

..............................................................
..............................................................
..............................................................
..............................................................
..............................................................
..............................................................
..............................................................

## Samstag - 14. März 2020

..............................................................
..............................................................
..............................................................
..............................................................
..............................................................
..............................................................
..............................................................

## Sonntag - 15. März 2020

### Anmerkungen

|  Wichtiges  |  Eiliges  |
|---|---|
|  |  |

|  Unwichtiges  |  Nicht Eiliges  |
|---|---|
|  |  |

## Vorbereiten

..................................................
..................................................
..................................................
..................................................
..................................................
..................................................
..................................................
..................................................
..................................................
..................................................

## Verfolgen

..................................................
..................................................
..................................................
..................................................
..................................................
..................................................
..................................................
..................................................
..................................................
..................................................

## Lesen

..................................................
..................................................
..................................................
..................................................
..................................................
..................................................
..................................................
..................................................
..................................................
..................................................

## Anschauen

..................................................
..................................................
..................................................
..................................................
..................................................
..................................................
..................................................
..................................................
..................................................
..................................................

## Montag - 16. März 2020

## Dienstag - 17. März 2020

## Mittwoch - 18. März 2020

## Donnerstag - 19. März 2020

## Freitag - 20. März 2020

## Samstag - 21. März 2020

## Sonntag - 22. März 2020

### Anmerkungen

| Wichtiges | Eiliges |
|---|---|
| | |

| Unwichtiges | Nicht Eiliges |
|---|---|
| | |

|  Vorbereiten  |  Verfolgen  |
|---|---|
|  |  |

|  Lesen  |  Anschauen  |
|---|---|
|  |  |

## Montag - 23. März 2020

## Dienstag - 24. März 2020

## Mittwoch - 25. März 2020

## Donnerstag - 26. März 2020

## Freitag - 27. März 2020

## Samstag - 28. März 2020

## Sonntag - 29. März 2020

### Anmerkungen

## Wichtiges

..................................................
..................................................
..................................................
..................................................
..................................................
..................................................
..................................................
..................................................
..................................................
..................................................
..................................................

## Eiliges

..................................................
..................................................
..................................................
..................................................
..................................................
..................................................
..................................................
..................................................
..................................................
..................................................
..................................................

## Unwichtiges

..................................................
..................................................
..................................................
..................................................
..................................................
..................................................
..................................................
..................................................
..................................................
..................................................
..................................................

## Nicht Eiliges

..................................................
..................................................
..................................................
..................................................
..................................................
..................................................
..................................................
..................................................
..................................................
..................................................
..................................................

## Vorbereiten

..................................................
..................................................
..................................................
..................................................
..................................................
..................................................
..................................................
..................................................
..................................................
..................................................

## Verfolgen

..................................................
..................................................
..................................................
..................................................
..................................................
..................................................
..................................................
..................................................
..................................................
..................................................

## Lesen

..................................................
..................................................
..................................................
..................................................
..................................................
..................................................
..................................................
..................................................
..................................................
..................................................

## Anschauen

..................................................
..................................................
..................................................
..................................................
..................................................
..................................................
..................................................
..................................................
..................................................
..................................................

# Monatlicher Überblick

## Was funktioniert gut?

..................................................................................................................................
..................................................................................................................................
..................................................................................................................................
..................................................................................................................................
..................................................................................................................................

## Was muss geändert werden?

..................................................................................................................................
..................................................................................................................................
..................................................................................................................................
..................................................................................................................................
..................................................................................................................................

## Verbesserungen

..................................................................................................................................
..................................................................................................................................
..................................................................................................................................
..................................................................................................................................
..................................................................................................................................

| Mo. | Di. | Mi. | Do. | Fr. | Sa. | So. |
|-----|-----|-----|-----|-----|-----|-----|
|     |     | 1   | 2   | 3   | 4   | 5   |
| 6   | 7   | 8   | 9   | 10  | 11  | 12  |
| 13  | 14  | 15  | 16  | 17  | 18  | 19  |
| 20  | 21  | 22  | 23  | 24  | 25  | 26  |
| 27  | 28  | 29  | 30  |     |     |     |

# April
## 2020

| Ziele | Belohnungen |
|-------|-------------|
|       |             |
|       |             |
|       |             |
|       |             |
|       |             |

## Montag - 30. März 2020

## Dienstag - 31. März 2020

## Mittwoch - 01. April 2020

## Donnerstag - 02. April 2020

## Freitag - 03. April 2020

## Samstag - 04. April 2020

## Sonntag - 05. April 2020

...................................................................................................................................................
...................................................................................................................................................
...................................................................................................................................................
...................................................................................................................................................
...................................................................................................................................................
...................................................................................................................................................

### Anmerkungen

|  Wichtiges  |  Eiliges  |
|---|---|
|  |  |

|  Unwichtiges  |  Nicht Eiliges  |
|---|---|
|  |  |

## Vorbereiten

..................................................
..................................................
..................................................
..................................................
..................................................
..................................................
..................................................
..................................................
..................................................
..................................................

## Verfolgen

..................................................
..................................................
..................................................
..................................................
..................................................
..................................................
..................................................
..................................................
..................................................
..................................................

## Lesen

..................................................
..................................................
..................................................
..................................................
..................................................
..................................................
..................................................
..................................................
..................................................
..................................................

## Anschauen

..................................................
..................................................
..................................................
..................................................
..................................................
..................................................
..................................................
..................................................
..................................................
..................................................

## Montag - 06. April 2020

## Dienstag - 07. April 2020

## Mittwoch - 08. April 2020

## Donnerstag - 09. April 2020

## Freitag - 10. April 2020

## Samstag - 11. April 2020

## Sonntag - 12. April 2020

## Anmerkungen

|  Wichtiges  |  Eiliges  |
|---|---|
|  |  |

|  Unwichtiges  |  Nicht Eiliges  |
|---|---|
|  |  |

## Vorbereiten

..................................................
..................................................
..................................................
..................................................
..................................................
..................................................
..................................................
..................................................
..................................................

## Verfolgen

..................................................
..................................................
..................................................
..................................................
..................................................
..................................................
..................................................
..................................................
..................................................

## Lesen

..................................................
..................................................
..................................................
..................................................
..................................................
..................................................
..................................................
..................................................
..................................................
..................................................

## Anschauen

..................................................
..................................................
..................................................
..................................................
..................................................
..................................................
..................................................
..................................................
..................................................
..................................................

## Montag - 13. April 2020

..................................................
..................................................
..................................................
..................................................
..................................................
..................................................
..................................................

## Dienstag - 14. April 2020

..................................................
..................................................
..................................................
..................................................
..................................................
..................................................
..................................................

## Mittwoch - 15. April 2020

..................................................
..................................................
..................................................
..................................................
..................................................
..................................................
..................................................

## Donnerstag - 16. April 2020

..................................................
..................................................
..................................................
..................................................
..................................................
..................................................
..................................................

## Freitag - 17. April 2020

..................................................
..................................................
..................................................
..................................................
..................................................
..................................................
..................................................

## Samstag - 18. April 2020

..................................................
..................................................
..................................................
..................................................
..................................................
..................................................
..................................................

## Sonntag - 19. April 2020

### Anmerkungen

|  Wichtiges  |  Eiliges  |
| --- | --- |
|  |  |

|  Unwichtiges  |  Nicht Eiliges  |
| --- | --- |
|  |  |

## Vorbereiten

## Verfolgen

## Lesen

## Anschauen

## Montag - 20. April 2020

## Dienstag - 21. April 2020

## Mittwoch - 22. April 2020

## Donnerstag - 23. April 2020

## Freitag - 24. April 2020

## Samstag - 25. April 2020

## Sonntag - 26. April 2020

..................................................................................................................
..................................................................................................................
..................................................................................................................
..................................................................................................................
..................................................................................................................
..................................................................................................................

### Anmerkungen

........................................................
........................................................
........................................................
........................................................
........................................................
........................................................
........................................................
........................................................
........................................................
........................................................
........................................................
........................................................
........................................................

## Wichtiges

..................................................
..................................................
..................................................
..................................................
..................................................
..................................................
..................................................
..................................................
..................................................
..................................................

## Eiliges

..................................................
..................................................
..................................................
..................................................
..................................................
..................................................
..................................................
..................................................
..................................................
..................................................

## Unwichtiges

..................................................
..................................................
..................................................
..................................................
..................................................
..................................................
..................................................
..................................................
..................................................
..................................................

## Nicht Eiliges

..................................................
..................................................
..................................................
..................................................
..................................................
..................................................
..................................................
..................................................
..................................................
..................................................

## Vorbereiten

........................................................
........................................................
........................................................
........................................................
........................................................
........................................................
........................................................
........................................................
........................................................
........................................................

## Verfolgen

........................................................
........................................................
........................................................
........................................................
........................................................
........................................................
........................................................
........................................................
........................................................
........................................................

## Lesen

........................................................
........................................................
........................................................
........................................................
........................................................
........................................................
........................................................
........................................................
........................................................
........................................................

## Anschauen

........................................................
........................................................
........................................................
........................................................
........................................................
........................................................
........................................................
........................................................
........................................................
........................................................

## Montag - 27. April 2020

## Dienstag - 28. April 2020

## Mittwoch - 29. April 2020

## Donnerstag - 30. April 2020

## Freitag - 01. Mai 2020

## Samstag - 02. Mai 2020

## Sonntag - 03. Mai 2020

..................................................................................................................................................
..................................................................................................................................................
..................................................................................................................................................
..................................................................................................................................................
..................................................................................................................................................
..................................................................................................................................................

## Anmerkungen

........................................................
........................................................
........................................................
........................................................
........................................................
........................................................
........................................................
........................................................
........................................................
........................................................
........................................................
........................................................
........................................................
........................................................

|       Wichtiges       |       Eiliges        |
| --------------------- | -------------------- |
|                       |                      |

|      Unwichtiges      |     Nicht Eiliges    |
| --------------------- | -------------------- |
|                       |                      |

## Vorbereiten

## Verfolgen

## Lesen

## Anschauen

# Monatlicher Überblick

## Was funktioniert gut?

........................................................................................
........................................................................................
........................................................................................
........................................................................................
........................................................................................
........................................................................................

## Was muss geändert werden?

........................................................................................
........................................................................................
........................................................................................
........................................................................................
........................................................................................
........................................................................................

## Verbesserungen

........................................................................................
........................................................................................
........................................................................................
........................................................................................
........................................................................................
........................................................................................

| Mo. | Di. | Mi. | Do. | Fr. | Sa. | So. |
|---|---|---|---|---|---|---|
|  |  |  |  | 1 | 2 | 3 |
| 4 | 5 | 6 | 7 | 8 | 9 | 10 |
| 11 | 12 | 13 | 14 | 15 | 16 | 17 |
| 18 | 19 | 20 | 21 | 22 | 23 | 24 |
| 25 | 26 | 27 | 28 | 29 | 30 | 31 |

# Mai
## 2020

| Ziele | Belohnungen |
|---|---|
|  |  |
|  |  |
|  |  |
|  |  |
|  |  |

## Montag - 04. Mai 2020

..................................................
..................................................
..................................................
..................................................
..................................................
..................................................
..................................................

## Dienstag - 05. Mai 2020

..................................................
..................................................
..................................................
..................................................
..................................................
..................................................
..................................................

## Mittwoch - 06. Mai 2020

..................................................
..................................................
..................................................
..................................................
..................................................
..................................................
..................................................

## Donnerstag - 07. Mai 2020

..................................................
..................................................
..................................................
..................................................
..................................................
..................................................
..................................................

## Freitag - 08. Mai 2020

..................................................
..................................................
..................................................
..................................................
..................................................
..................................................
..................................................

## Samstag - 09. Mai 2020

..................................................
..................................................
..................................................
..................................................
..................................................
..................................................
..................................................

## Sonntag - 10. Mai 2020

## Anmerkungen

|  Wichtiges  |  Eiliges  |
|---|---|
|  |  |

|  Unwichtiges  |  Nicht Eiliges  |
|---|---|
|  |  |

## Vorbereiten

..................................................
..................................................
..................................................
..................................................
..................................................
..................................................
..................................................
..................................................
..................................................
..................................................

## Verfolgen

..................................................
..................................................
..................................................
..................................................
..................................................
..................................................
..................................................
..................................................
..................................................
..................................................

## Lesen

..................................................
..................................................
..................................................
..................................................
..................................................
..................................................
..................................................
..................................................
..................................................
..................................................

## Anschauen

..................................................
..................................................
..................................................
..................................................
..................................................
..................................................
..................................................
..................................................
..................................................
..................................................

## Montag - 11. Mai 2020

## Dienstag - 12. Mai 2020

## Mittwoch - 13. Mai 2020

## Donnerstag - 14. Mai 2020

## Freitag - 15. Mai 2020

## Samstag - 16. Mai 2020

## Sonntag - 17. Mai 2020

## Anmerkungen

|  Wichtiges  |  Eiliges  |
|---|---|
|  |  |

|  Unwichtiges  |  Nicht Eiliges  |
|---|---|
|  |  |

## Vorbereiten

..................................................
..................................................
..................................................
..................................................
..................................................
..................................................
..................................................
..................................................
..................................................
..................................................
..................................................

## Verfolgen

..................................................
..................................................
..................................................
..................................................
..................................................
..................................................
..................................................
..................................................
..................................................
..................................................
..................................................

## Lesen

..................................................
..................................................
..................................................
..................................................
..................................................
..................................................
..................................................
..................................................
..................................................
..................................................
..................................................

## Anschauen

..................................................
..................................................
..................................................
..................................................
..................................................
..................................................
..................................................
..................................................
..................................................
..................................................
..................................................

## Montag - 18. Mai 2020

## Dienstag - 19. Mai 2020

## Mittwoch - 20. Mai 2020

## Donnerstag - 21. Mai 2020

## Freitag - 22. Mai 2020

## Samstag - 23. Mai 2020

## Sonntag - 24. Mai 2020

## Anmerkungen

| Wichtiges | Eiliges |
| --- | --- |
| | |

| Unwichtiges | Nicht Eiliges |
| --- | --- |
| | |

## Vorbereiten

## Verfolgen

## Lesen

## Anschauen

## Montag - 25. Mai 2020

..................................................................
..................................................................
..................................................................
..................................................................
..................................................................
..................................................................
..................................................................
..................................................................

## Dienstag - 26. Mai 2020

..................................................................
..................................................................
..................................................................
..................................................................
..................................................................
..................................................................
..................................................................
..................................................................

## Mittwoch - 27. Mai 2020

..................................................................
..................................................................
..................................................................
..................................................................
..................................................................
..................................................................
..................................................................
..................................................................

## Donnerstag - 28. Mai 2020

..................................................................
..................................................................
..................................................................
..................................................................
..................................................................
..................................................................
..................................................................
..................................................................

## Freitag - 29. Mai 2020

..................................................................
..................................................................
..................................................................
..................................................................
..................................................................
..................................................................
..................................................................
..................................................................

## Samstag - 30. Mai 2020

..................................................................
..................................................................
..................................................................
..................................................................
..................................................................
..................................................................
..................................................................
..................................................................

## Sonntag - 31. Mai 2020

## Anmerkungen

## Wichtiges

..................................................
..................................................
..................................................
..................................................
..................................................
..................................................
..................................................
..................................................
..................................................
..................................................

## Eiliges

..................................................
..................................................
..................................................
..................................................
..................................................
..................................................
..................................................
..................................................
..................................................
..................................................

## Unwichtiges

..................................................
..................................................
..................................................
..................................................
..................................................
..................................................
..................................................
..................................................
..................................................
..................................................

## Nicht Eiliges

..................................................
..................................................
..................................................
..................................................
..................................................
..................................................
..................................................
..................................................
..................................................
..................................................

## Vorbereiten

..................................................
..................................................
..................................................
..................................................
..................................................
..................................................
..................................................
..................................................
..................................................
..................................................

## Verfolgen

..................................................
..................................................
..................................................
..................................................
..................................................
..................................................
..................................................
..................................................
..................................................
..................................................

## Lesen

..................................................
..................................................
..................................................
..................................................
..................................................
..................................................
..................................................
..................................................
..................................................
..................................................

## Anschauen

..................................................
..................................................
..................................................
..................................................
..................................................
..................................................
..................................................
..................................................
..................................................
..................................................

# Monatlicher Überblick

## Was funktioniert gut?

..................................................................................................
..................................................................................................
..................................................................................................
..................................................................................................
..................................................................................................

## Was muss geändert werden?

..................................................................................................
..................................................................................................
..................................................................................................
..................................................................................................
..................................................................................................

## Verbesserungen

..................................................................................................
..................................................................................................
..................................................................................................
..................................................................................................
..................................................................................................

| Mo. | Di. | Mi. | Do. | Fr. | Sa. | So. |
|-----|-----|-----|-----|-----|-----|-----|
| 1 | 2 | 3 | 4 | 5 | 6 | 7 |
| 8 | 9 | 10 | 11 | 12 | 13 | 14 |
| 15 | 16 | 17 | 18 | 19 | 20 | 21 |
| 22 | 23 | 24 | 25 | 26 | 27 | 28 |
| 29 | 30 | | | | | |

# Juni
## 2020

| Ziele | Belohnungen |
|-------|-------------|
|       |             |
|       |             |
|       |             |
|       |             |
|       |             |

## Montag - 01. Jun 2020

..................................................
..................................................
..................................................
..................................................
..................................................
..................................................
..................................................

## Dienstag - 02. Jun 2020

..................................................
..................................................
..................................................
..................................................
..................................................
..................................................
..................................................

## Mittwoch - 03. Jun 2020

..................................................
..................................................
..................................................
..................................................
..................................................
..................................................
..................................................

## Donnerstag - 04. Jun 2020

..................................................
..................................................
..................................................
..................................................
..................................................
..................................................
..................................................

## Freitag - 05. Jun 2020

..................................................
..................................................
..................................................
..................................................
..................................................
..................................................
..................................................

## Samstag - 06. Jun 2020

..................................................
..................................................
..................................................
..................................................
..................................................
..................................................
..................................................

## Sonntag - 07. Jun 2020

..........................................................................................................................................
..........................................................................................................................................
..........................................................................................................................................
..........................................................................................................................................
..........................................................................................................................................
..........................................................................................................................................

### Anmerkungen

|   Wichtiges   |   Eiliges   |
|---|---|
|   Unwichtiges   |   Nicht Eiliges   |

## Vorbereiten

## Verfolgen

## Lesen

## Anschauen

## Montag - 08. Jun 2020

## Dienstag - 09. Jun 2020

## Mittwoch - 10. Jun 2020

## Donnerstag - 11. Jun 2020

## Freitag - 12. Jun 2020

## Samstag - 13. Jun 2020

## Sonntag - 14. Jun 2020

..................................................................................................................................
..................................................................................................................................
..................................................................................................................................
..................................................................................................................................
..................................................................................................................................
..................................................................................................................................

## Anmerkungen

## Wichtiges

..................................................
..................................................
..................................................
..................................................
..................................................
..................................................
..................................................
..................................................
..................................................
..................................................

## Eiliges

..................................................
..................................................
..................................................
..................................................
..................................................
..................................................
..................................................
..................................................
..................................................
..................................................

## Unwichtiges

..................................................
..................................................
..................................................
..................................................
..................................................
..................................................
..................................................
..................................................
..................................................
..................................................

## Nicht Eiliges

..................................................
..................................................
..................................................
..................................................
..................................................
..................................................
..................................................
..................................................
..................................................
..................................................

## Vorbereiten

..................................................
..................................................
..................................................
..................................................
..................................................
..................................................
..................................................
..................................................
..................................................
..................................................

## Verfolgen

..................................................
..................................................
..................................................
..................................................
..................................................
..................................................
..................................................
..................................................
..................................................
..................................................

## Lesen

..................................................
..................................................
..................................................
..................................................
..................................................
..................................................
..................................................
..................................................
..................................................
..................................................

## Anschauen

..................................................
..................................................
..................................................
..................................................
..................................................
..................................................
..................................................
..................................................
..................................................
..................................................

## Montag - 15. Jun 2020

..................................................
..................................................
..................................................
..................................................
..................................................
..................................................
..................................................

## Dienstag - 16. Jun 2020

..................................................
..................................................
..................................................
..................................................
..................................................
..................................................
..................................................

## Mittwoch - 17. Jun 2020

..................................................
..................................................
..................................................
..................................................
..................................................
..................................................
..................................................

## Donnerstag - 18. Jun 2020

..................................................
..................................................
..................................................
..................................................
..................................................
..................................................
..................................................

## Freitag - 19. Jun 2020

..................................................
..................................................
..................................................
..................................................
..................................................
..................................................
..................................................

## Samstag - 20. Jun 2020

..................................................
..................................................
..................................................
..................................................
..................................................
..................................................
..................................................

## Sonntag - 21. Jun 2020

..................................................................................................
..................................................................................................
..................................................................................................
..................................................................................................
..................................................................................................
..................................................................................................

## Anmerkungen

|  Wichtiges  |  Eiliges  |
|---|---|
|  |  |

|  Unwichtiges  |  Nicht Eiliges  |
|---|---|
|  |  |

|     Vorbereiten     |     Verfolgen     |
| --- | --- |
|  |  |

|     Lesen     |     Anschauen     |
| --- | --- |
|  |  |

## Montag - 22. Jun 2020

..................................................
..................................................
..................................................
..................................................
..................................................
..................................................
..................................................

## Dienstag - 23. Jun 2020

..................................................
..................................................
..................................................
..................................................
..................................................
..................................................
..................................................

## Mittwoch - 24. Jun 2020

..................................................
..................................................
..................................................
..................................................
..................................................
..................................................
..................................................

## Donnerstag - 25. Jun 2020

..................................................
..................................................
..................................................
..................................................
..................................................
..................................................
..................................................

## Freitag - 26. Jun 2020

..................................................
..................................................
..................................................
..................................................
..................................................
..................................................
..................................................

## Samstag - 27. Jun 2020

..................................................
..................................................
..................................................
..................................................
..................................................
..................................................
..................................................

## Sonntag - 28. Jun 2020

..................................................................................................................
..................................................................................................................
..................................................................................................................
..................................................................................................................
..................................................................................................................
..................................................................................................................

### Anmerkungen

.....................................................
.....................................................
.....................................................
.....................................................
.....................................................
.....................................................
.....................................................
.....................................................
.....................................................
.....................................................
.....................................................
.....................................................
.....................................................
.....................................................
.....................................................

## Wichtiges

..................................................
..................................................
..................................................
..................................................
..................................................
..................................................
..................................................
..................................................
..................................................
..................................................

## Eiliges

..................................................
..................................................
..................................................
..................................................
..................................................
..................................................
..................................................
..................................................
..................................................
..................................................

## Unwichtiges

..................................................
..................................................
..................................................
..................................................
..................................................
..................................................
..................................................
..................................................
..................................................
..................................................

## Nicht Eiliges

..................................................
..................................................
..................................................
..................................................
..................................................
..................................................
..................................................
..................................................
..................................................
..................................................

## Vorbereiten

## Verfolgen

## Lesen

## Anschauen

# Monatlicher Überblick

## Was funktioniert gut?

..................................................................................................................................
..................................................................................................................................
..................................................................................................................................
..................................................................................................................................
..................................................................................................................................

## Was muss geändert werden?

..................................................................................................................................
..................................................................................................................................
..................................................................................................................................
..................................................................................................................................
..................................................................................................................................

## Verbesserungen

..................................................................................................................................
..................................................................................................................................
..................................................................................................................................
..................................................................................................................................
..................................................................................................................................

| Mo. | Di. | Mi. | Do. | Fr. | Sa. | So. |
|---|---|---|---|---|---|---|
|  |  | 1 | 2 | 3 | 4 | 5 |
| 6 | 7 | 8 | 9 | 10 | 11 | 12 |
| 13 | 14 | 15 | 16 | 17 | 18 | 19 |
| 20 | 21 | 22 | 23 | 24 | 25 | 26 |
| 27 | 28 | 29 | 30 | 31 |  |  |

# Juli
## 2020

| Ziele | Belohnungen |
|---|---|
|  |  |
|  |  |
|  |  |
|  |  |
|  |  |

## Montag - 29. Jun 2020

## Dienstag - 30. Jun 2020

## Mittwoch - 01. Jul 2020

## Donnerstag - 02. Jul 2020

## Freitag - 03. Jul 2020

## Samstag - 04. Jul 2020

## Sonntag - 05. Jul 2020

## Anmerkungen

|  Wichtiges  |  Eiliges  |
|---|---|
|   |   |

|  Unwichtiges  |  Nicht Eiliges  |
|---|---|
|   |   |

## Vorbereiten

.................................................
.................................................
.................................................
.................................................
.................................................
.................................................
.................................................
.................................................
.................................................
.................................................

## Verfolgen

.................................................
.................................................
.................................................
.................................................
.................................................
.................................................
.................................................
.................................................
.................................................
.................................................

## Lesen

.................................................
.................................................
.................................................
.................................................
.................................................
.................................................
.................................................
.................................................
.................................................
.................................................

## Anschauen

.................................................
.................................................
.................................................
.................................................
.................................................
.................................................
.................................................
.................................................
.................................................
.................................................

## Montag - 06. Jul 2020

## Dienstag - 07. Jul 2020

## Mittwoch - 08. Jul 2020

## Donnerstag - 09. Jul 2020

## Freitag - 10. Jul 2020

## Samstag - 11. Jul 2020

## Sonntag - 12. Jul 2020

..................................................................................................................................................
..................................................................................................................................................
..................................................................................................................................................
..................................................................................................................................................
..................................................................................................................................................
..................................................................................................................................................
..................................................................................................................................................

### Anmerkungen

|  Wichtiges  |  Eiliges  |
|---|---|
|  |  |

|  Unwichtiges  |  Nicht Eiliges  |
|---|---|
|  |  |

## Vorbereiten

## Verfolgen

## Lesen

## Anschauen

## Montag - 13. Jul 2020

## Dienstag - 14. Jul 2020

## Mittwoch - 15. Jul 2020

## Donnerstag - 16. Jul 2020

## Freitag - 17. Jul 2020

## Samstag - 18. Jul 2020

## Sonntag - 19. Jul 2020

### Anmerkungen

|  Wichtiges  |  Eiliges  |
|---|---|
|  |  |

|  Unwichtiges  |  Nicht Eiliges  |
|---|---|
|  |  |

|  Vorbereiten  |  Verfolgen  |
|---|---|
|  |  |

|  Lesen  |  Anschauen  |
|---|---|
|  |  |

## Montag - 20. Jul 2020

## Dienstag - 21. Jul 2020

## Mittwoch - 22. Jul 2020

## Donnerstag - 23. Jul 2020

## Freitag - 24. Jul 2020

## Samstag - 25. Jul 2020

## Sonntag - 26. Jul 2020

..................................................................................................................................................
..................................................................................................................................................
..................................................................................................................................................
..................................................................................................................................................
..................................................................................................................................................
..................................................................................................................................................
..................................................................................................................................................

### Anmerkungen

|  Wichtiges  |  Eiliges  |
|---|---|
|  |  |

|  Unwichtiges  |  Nicht Eiliges  |
|---|---|
|  |  |

## Vorbereiten

## Verfolgen

## Lesen

## Anschauen

## Montag - 27. Jul 2020

## Dienstag - 28. Jul 2020

## Mittwoch - 29. Jul 2020

## Donnerstag - 30. Jul 2020

## Freitag - 31. Jul 2020

## Samstag - 01. Aug 2020

## Sonntag - 02. Aug 2020

### Anmerkungen

|  Wichtiges  |  Eiliges  |
|---|---|
| ................................................ | ................................................ |
| ................................................ | ................................................ |
| ................................................ | ................................................ |
| ................................................ | ................................................ |
| ................................................ | ................................................ |
| ................................................ | ................................................ |
| ................................................ | ................................................ |
| ................................................ | ................................................ |
| ................................................ | ................................................ |

|  Unwichtiges  |  Nicht Eiliges  |
|---|---|
| ................................................ | ................................................ |
| ................................................ | ................................................ |
| ................................................ | ................................................ |
| ................................................ | ................................................ |
| ................................................ | ................................................ |
| ................................................ | ................................................ |
| ................................................ | ................................................ |
| ................................................ | ................................................ |
| ................................................ | ................................................ |

## Vorbereiten

## Verfolgen

## Lesen

## Anschauen

# Monatlicher Überblick

## Was funktioniert gut?

.............................................................................................................
.............................................................................................................
.............................................................................................................
.............................................................................................................
.............................................................................................................

## Was muss geändert werden?

.............................................................................................................
.............................................................................................................
.............................................................................................................
.............................................................................................................
.............................................................................................................

## Verbesserungen

.............................................................................................................
.............................................................................................................
.............................................................................................................
.............................................................................................................
.............................................................................................................

| Mo. | Di. | Mi. | Do. | Fr. | Sa. | So. |
|---|---|---|---|---|---|---|
|  |  |  |  |  | 1 | 2 |
| 3 | 4 | 5 | 6 | 7 | 8 | 9 |
| 10 | 11 | 12 | 13 | 14 | 15 | 16 |
| 17 | 18 | 19 | 20 | 21 | 22 | 23 |
| 24 | 25 | 26 | 27 | 28 | 29 | 30 |
| 31 |  |  |  |  |  |  |

# August
## 2020

| Ziele | Belohnungen |
|---|---|
|  |  |
|  |  |
|  |  |
|  |  |
|  |  |

## Montag - 03. Aug 2020

..................................................
..................................................
..................................................
..................................................
..................................................
..................................................
..................................................

## Dienstag - 04. Aug 2020

..................................................
..................................................
..................................................
..................................................
..................................................
..................................................
..................................................

## Mittwoch - 05. Aug 2020

..................................................
..................................................
..................................................
..................................................
..................................................
..................................................
..................................................

## Donnerstag - 06. Aug 2020

..................................................
..................................................
..................................................
..................................................
..................................................
..................................................
..................................................

## Freitag - 07. Aug 2020

..................................................
..................................................
..................................................
..................................................
..................................................
..................................................
..................................................

## Samstag - 08. Aug 2020

..................................................
..................................................
..................................................
..................................................
..................................................
..................................................
..................................................

## Sonntag - 09. Aug 2020

.........................................................................................................................................
.........................................................................................................................................
.........................................................................................................................................
.........................................................................................................................................
.........................................................................................................................................
.........................................................................................................................................

### Anmerkungen

|  Wichtiges  |  Eiliges  |
|---|---|
|  |  |

|  Unwichtiges  |  Nicht Eiliges  |
|---|---|
|  |  |

## Vorbereiten

..................................................
..................................................
..................................................
..................................................
..................................................
..................................................
..................................................
..................................................
..................................................

## Verfolgen

..................................................
..................................................
..................................................
..................................................
..................................................
..................................................
..................................................
..................................................
..................................................

## Lesen

..................................................
..................................................
..................................................
..................................................
..................................................
..................................................
..................................................
..................................................
..................................................

## Anschauen

..................................................
..................................................
..................................................
..................................................
..................................................
..................................................
..................................................
..................................................
..................................................

## Montag - 10. Aug 2020

..................................................
..................................................
..................................................
..................................................
..................................................
..................................................
..................................................

## Dienstag - 11. Aug 2020

..................................................
..................................................
..................................................
..................................................
..................................................
..................................................
..................................................

## Mittwoch - 12. Aug 2020

..................................................
..................................................
..................................................
..................................................
..................................................
..................................................
..................................................

## Donnerstag - 13. Aug 2020

..................................................
..................................................
..................................................
..................................................
..................................................
..................................................
..................................................

## Freitag - 14. Aug 2020

..................................................
..................................................
..................................................
..................................................
..................................................
..................................................
..................................................

## Samstag - 15. Aug 2020

..................................................
..................................................
..................................................
..................................................
..................................................
..................................................
..................................................

## Sonntag - 16. Aug 2020

## Anmerkungen

|  Wichtiges  |  Eiliges  |
|---|---|
|  |  |

|  Unwichtiges  |  Nicht Eiliges  |
|---|---|
|  |  |

## Vorbereiten

## Verfolgen

## Lesen

## Anschauen

## Montag - 17. Aug 2020

## Dienstag - 18. Aug 2020

## Mittwoch - 19. Aug 2020

## Donnerstag - 20. Aug 2020

## Freitag - 21. Aug 2020

## Samstag - 22. Aug 2020

## Sonntag - 23. Aug 2020

## Anmerkungen

| Wichtiges | Eiliges |
|---|---|
| | |

| Unwichtiges | Nicht Eiliges |
|---|---|
| | |

## Vorbereiten

## Verfolgen

## Lesen

## Anschauen

## Montag - 24. Aug 2020

## Dienstag - 25. Aug 2020

## Mittwoch - 26. Aug 2020

## Donnerstag - 27. Aug 2020

## Freitag - 28. Aug 2020

## Samstag - 29. Aug 2020

## Sonntag - 30. Aug 2020

## Anmerkungen

|  Wichtiges  |  Eiliges  |
| --- | --- |
|  |  |

|  Unwichtiges  |  Nicht Eiliges  |
| --- | --- |
|  |  |

## Vorbereiten

## Verfolgen

## Lesen

## Anschauen

# Monatlicher Überblick

## Was funktioniert gut?

........................................................................................................

........................................................................................................

........................................................................................................

........................................................................................................

........................................................................................................

## Was muss geändert werden?

........................................................................................................

........................................................................................................

........................................................................................................

........................................................................................................

........................................................................................................

## Verbesserungen

........................................................................................................

........................................................................................................

........................................................................................................

........................................................................................................

........................................................................................................

| Mo. | Di. | Mi. | Do. | Fr. | Sa. | So. |
|---|---|---|---|---|---|---|
|  | 1 | 2 | 3 | 4 | 5 | 6 |
| 7 | 8 | 9 | 10 | 11 | 12 | 13 |
| 14 | 15 | 16 | 17 | 18 | 19 | 20 |
| 21 | 22 | 23 | 24 | 25 | 26 | 27 |
| 28 | 29 | 30 |  |  |  |  |

# September
## 2020

| Ziele | Belohnungen |
|---|---|
|  |  |
|  |  |
|  |  |
|  |  |
|  |  |

## Montag - 31. Aug 2020

## Dienstag - 01. Sep 2020

## Mittwoch - 02. Sep 2020

## Donnerstag - 03. Sep 2020

## Freitag - 04. Sep 2020

## Samstag - 05. Sep 2020

## Sonntag - 06. Sep 2020

### Anmerkungen

|  Wichtiges  |  Eiliges  |
| --- | --- |
|  |  |

|  Unwichtiges  |  Nicht Eiliges  |
| --- | --- |
|  |  |

## Vorbereiten

## Verfolgen

## Lesen

## Anschauen

## Montag - 07. Sep 2020

## Dienstag - 08. Sep 2020

## Mittwoch - 09. Sep 2020

## Donnerstag - 10. Sep 2020

## Freitag - 11. Sep 2020

## Samstag - 12. Sep 2020

## Sonntag - 13. Sep 2020

## Anmerkungen

## Wichtiges

........................................................
........................................................
........................................................
........................................................
........................................................
........................................................
........................................................
........................................................
........................................................
........................................................

## Eiliges

........................................................
........................................................
........................................................
........................................................
........................................................
........................................................
........................................................
........................................................
........................................................
........................................................

## Unwichtiges

........................................................
........................................................
........................................................
........................................................
........................................................
........................................................
........................................................
........................................................
........................................................
........................................................

## Nicht Eiliges

........................................................
........................................................
........................................................
........................................................
........................................................
........................................................
........................................................
........................................................
........................................................
........................................................

## Vorbereiten

## Verfolgen

## Lesen

## Anschauen

## Montag - 14. Sep 2020

## Dienstag - 15. Sep 2020

## Mittwoch - 16. Sep 2020

## Donnerstag - 17. Sep 2020

## Freitag - 18. Sep 2020

## Samstag - 19. Sep 2020

## Sonntag - 20. Sep 2020

### Anmerkungen

## Wichtiges

..................................................
..................................................
..................................................
..................................................
..................................................
..................................................
..................................................
..................................................
..................................................
..................................................

## Eiliges

..................................................
..................................................
..................................................
..................................................
..................................................
..................................................
..................................................
..................................................
..................................................
..................................................

## Unwichtiges

..................................................
..................................................
..................................................
..................................................
..................................................
..................................................
..................................................
..................................................
..................................................
..................................................

## Nicht Eiliges

..................................................
..................................................
..................................................
..................................................
..................................................
..................................................
..................................................
..................................................
..................................................
..................................................

## Vorbereiten

## Verfolgen

## Lesen

## Anschauen

## Montag - 21. Sep 2020

........................................................
........................................................
........................................................
........................................................
........................................................
........................................................
........................................................

## Dienstag - 22. Sep 2020

........................................................
........................................................
........................................................
........................................................
........................................................
........................................................
........................................................

## Mittwoch - 23. Sep 2020

........................................................
........................................................
........................................................
........................................................
........................................................
........................................................
........................................................

## Donnerstag - 24. Sep 2020

........................................................
........................................................
........................................................
........................................................
........................................................
........................................................
........................................................

## Freitag - 25. Sep 2020

........................................................
........................................................
........................................................
........................................................
........................................................
........................................................
........................................................

## Samstag - 26. Sep 2020

........................................................
........................................................
........................................................
........................................................
........................................................
........................................................
........................................................

## Sonntag - 27. Sep 2020

### Anmerkungen

|  Wichtiges  |  Eiliges  |
|---|---|
|  |  |

|  Unwichtiges  |  Nicht Eiliges  |
|---|---|
|  |  |

## Vorbereiten

## Verfolgen

## Lesen

## Anschauen

## Montag - 28. Sep 2020

## Dienstag - 29. Sep 2020

## Mittwoch - 30. Sep 2020

## Donnerstag - 01. Okt 2020

## Freitag - 02. Okt 2020

## Samstag - 03. Okt 2020

## Sonntag - 04. Okt 2020

## Anmerkungen

| Wichtiges | Eiliges |
|---|---|
| .................................................. | .................................................. |
| .................................................. | .................................................. |
| .................................................. | .................................................. |
| .................................................. | .................................................. |
| .................................................. | .................................................. |
| .................................................. | .................................................. |
| .................................................. | .................................................. |
| .................................................. | .................................................. |
| .................................................. | .................................................. |
| .................................................. | .................................................. |

| Unwichtiges | Nicht Eiliges |
|---|---|
| .................................................. | .................................................. |
| .................................................. | .................................................. |
| .................................................. | .................................................. |
| .................................................. | .................................................. |
| .................................................. | .................................................. |
| .................................................. | .................................................. |
| .................................................. | .................................................. |
| .................................................. | .................................................. |
| .................................................. | .................................................. |
| .................................................. | .................................................. |

## Vorbereiten

..................................................
..................................................
..................................................
..................................................
..................................................
..................................................
..................................................
..................................................
..................................................
..................................................

## Verfolgen

..................................................
..................................................
..................................................
..................................................
..................................................
..................................................
..................................................
..................................................
..................................................
..................................................

## Lesen

..................................................
..................................................
..................................................
..................................................
..................................................
..................................................
..................................................
..................................................
..................................................
..................................................

## Anschauen

..................................................
..................................................
..................................................
..................................................
..................................................
..................................................
..................................................
..................................................
..................................................
..................................................

# Monatlicher Überblick

## Was funktioniert gut?

..................................................................................................................................
..................................................................................................................................
..................................................................................................................................
..................................................................................................................................
..................................................................................................................................
..................................................................................................................................

## Was muss geändert werden?

..................................................................................................................................
..................................................................................................................................
..................................................................................................................................
..................................................................................................................................
..................................................................................................................................
..................................................................................................................................

## Verbesserungen

..................................................................................................................................
..................................................................................................................................
..................................................................................................................................
..................................................................................................................................
..................................................................................................................................
..................................................................................................................................

| Mo. | Di. | Mi. | Do. | Fr. | Sa. | So. |
|---|---|---|---|---|---|---|
|  |  |  | 1 | 2 | 3 | 4 |
| 5 | 6 | 7 | 8 | 9 | 10 | 11 |
| 12 | 13 | 14 | 15 | 16 | 17 | 18 |
| 19 | 20 | 21 | 22 | 23 | 24 | 25 |
| 26 | 27 | 28 | 29 | 30 | 31 |  |

# Oktober
2020

| Ziele | Belohnungen |
|---|---|
|  |  |
|  |  |
|  |  |
|  |  |
|  |  |

## Montag - 05. Okt 2020

..................................................
..................................................
..................................................
..................................................
..................................................
..................................................

## Dienstag - 06. Okt 2020

..................................................
..................................................
..................................................
..................................................
..................................................
..................................................

## Mittwoch - 07. Okt 2020

..................................................
..................................................
..................................................
..................................................
..................................................
..................................................

## Donnerstag - 08. Okt 2020

..................................................
..................................................
..................................................
..................................................
..................................................
..................................................

## Freitag - 09. Okt 2020

..................................................
..................................................
..................................................
..................................................
..................................................
..................................................

## Samstag - 10. Okt 2020

..................................................
..................................................
..................................................
..................................................
..................................................
..................................................

## Sonntag - 11. Okt 2020

## Anmerkungen

|  Wichtiges  |  Eiliges  |
|---|---|
|  |  |

|  Unwichtiges  |  Nicht Eiliges  |
|---|---|
|  |  |

## Vorbereiten

## Verfolgen

## Lesen

## Anschauen

## Montag - 12. Okt 2020

..................................................
..................................................
..................................................
..................................................
..................................................
..................................................
..................................................

## Dienstag - 13. Okt 2020

..................................................
..................................................
..................................................
..................................................
..................................................
..................................................
..................................................

## Mittwoch - 14. Okt 2020

..................................................
..................................................
..................................................
..................................................
..................................................
..................................................
..................................................

## Donnerstag - 15. Okt 2020

..................................................
..................................................
..................................................
..................................................
..................................................
..................................................
..................................................

## Freitag - 16. Okt 2020

..................................................
..................................................
..................................................
..................................................
..................................................
..................................................
..................................................

## Samstag - 17. Okt 2020

..................................................
..................................................
..................................................
..................................................
..................................................
..................................................
..................................................

## Sonntag - 18. Okt 2020

Anmerkungen

## Wichtiges

..................................................
..................................................
..................................................
..................................................
..................................................
..................................................
..................................................
..................................................
..................................................
..................................................

## Eiliges

..................................................
..................................................
..................................................
..................................................
..................................................
..................................................
..................................................
..................................................
..................................................
..................................................

## Unwichtiges

..................................................
..................................................
..................................................
..................................................
..................................................
..................................................
..................................................
..................................................
..................................................
..................................................

## Nicht Eiliges

..................................................
..................................................
..................................................
..................................................
..................................................
..................................................
..................................................
..................................................
..................................................
..................................................

## Vorbereiten

## Verfolgen

## Lesen

## Anschauen

## Montag - 19. Okt 2020

..................................................................
..................................................................
..................................................................
..................................................................
..................................................................
..................................................................
..................................................................

## Dienstag - 20. Okt 2020

..................................................................
..................................................................
..................................................................
..................................................................
..................................................................
..................................................................
..................................................................

## Mittwoch - 21. Okt 2020

..................................................................
..................................................................
..................................................................
..................................................................
..................................................................
..................................................................
..................................................................

## Donnerstag - 22. Okt 2020

..................................................................
..................................................................
..................................................................
..................................................................
..................................................................
..................................................................
..................................................................

## Freitag - 23. Okt 2020

..................................................................
..................................................................
..................................................................
..................................................................
..................................................................
..................................................................
..................................................................

## Samstag - 24. Okt 2020

..................................................................
..................................................................
..................................................................
..................................................................
..................................................................
..................................................................
..................................................................

## Sonntag - 25. Okt 2020

..................................................................................................................................................
..................................................................................................................................................
..................................................................................................................................................
..................................................................................................................................................
..................................................................................................................................................
..................................................................................................................................................

### Anmerkungen

| Wichtiges | Eiliges |
|---|---|
| | |

| Unwichtiges | Nicht Eiliges |
|---|---|
| | |

## Vorbereiten

## Verfolgen

## Lesen

## Anschauen

## Montag - 26. Okt 2020

..................................................................
..................................................................
..................................................................
..................................................................
..................................................................
..................................................................
..................................................................

## Dienstag - 27. Okt 2020

..................................................................
..................................................................
..................................................................
..................................................................
..................................................................
..................................................................
..................................................................

## Mittwoch - 28. Okt 2020

..................................................................
..................................................................
..................................................................
..................................................................
..................................................................
..................................................................
..................................................................

## Donnerstag - 29. Okt 2020

..................................................................
..................................................................
..................................................................
..................................................................
..................................................................
..................................................................
..................................................................

## Freitag - 30. Okt 2020

..................................................................
..................................................................
..................................................................
..................................................................
..................................................................
..................................................................
..................................................................

## Samstag - 31. Okt 2020

..................................................................
..................................................................
..................................................................
..................................................................
..................................................................
..................................................................
..................................................................

## Sonntag - 01. Nov 2020

...................................................................................................................................................
...................................................................................................................................................
...................................................................................................................................................
...................................................................................................................................................
...................................................................................................................................................
...................................................................................................................................................

## Anmerkungen

..........................................................
..........................................................
..........................................................
..........................................................
..........................................................
..........................................................
..........................................................
..........................................................
..........................................................
..........................................................
..........................................................
..........................................................
..........................................................
..........................................................
..........................................................

|  Wichtiges  |  Eiliges  |
|---|---|
|  |  |

|  Unwichtiges  |  Nicht Eiliges  |
|---|---|
|  |  |

## Vorbereiten

## Verfolgen

## Lesen

## Anschauen

# Monatlicher Überblick

## Was funktioniert gut?

..........................................................................................................................................
..........................................................................................................................................
..........................................................................................................................................
..........................................................................................................................................
..........................................................................................................................................

## Was muss geändert werden?

..........................................................................................................................................
..........................................................................................................................................
..........................................................................................................................................
..........................................................................................................................................
..........................................................................................................................................

## Verbesserungen

..........................................................................................................................................
..........................................................................................................................................
..........................................................................................................................................
..........................................................................................................................................
..........................................................................................................................................

| Mo. | Di. | Mi. | Do. | Fr. | Sa. | So. |
|---|---|---|---|---|---|---|
|  |  |  |  |  |  | 1 |
| 2 | 3 | 4 | 5 | 6 | 7 | 8 |
| 9 | 10 | 11 | 12 | 13 | 14 | 15 |
| 16 | 17 | 18 | 19 | 20 | 21 | 22 |
| 23 | 24 | 25 | 26 | 27 | 28 | 29 |
| 30 |  |  |  |  |  |  |

# November
## 2020

| Ziele | Belohnungen |
|---|---|
|  |  |
|  |  |
|  |  |
|  |  |
|  |  |

## Montag - 02. Nov 2020

## Dienstag - 03. Nov 2020

## Mittwoch - 04. Nov 2020

## Donnerstag - 05. Nov 2020

## Freitag - 06. Nov 2020

## Samstag - 07. Nov 2020

## Sonntag - 08. Nov 2020

### Anmerkungen

|        Wichtiges        |        Eiliges        |
| --- | --- |
| .............................................. | .............................................. |

|        Unwichtiges        |        Nicht Eiliges        |
| --- | --- |
| .............................................. | .............................................. |

|  Vorbereiten  |  Verfolgen  |
|---|---|
|  |  |

|  Lesen  |  Anschauen  |
|---|---|
|  |  |

## Montag - 09. Nov 2020

..................................................
..................................................
..................................................
..................................................
..................................................
..................................................
..................................................

## Dienstag - 10. Nov 2020

..................................................
..................................................
..................................................
..................................................
..................................................
..................................................
..................................................

## Mittwoch - 11. Nov 2020

..................................................
..................................................
..................................................
..................................................
..................................................
..................................................
..................................................

## Donnerstag - 12. Nov 2020

..................................................
..................................................
..................................................
..................................................
..................................................
..................................................
..................................................

## Freitag - 13. Nov 2020

..................................................
..................................................
..................................................
..................................................
..................................................
..................................................
..................................................

## Samstag - 14. Nov 2020

..................................................
..................................................
..................................................
..................................................
..................................................
..................................................
..................................................

## Sonntag - 15. Nov 2020

## Anmerkungen

## Wichtiges

............................................................
............................................................
............................................................
............................................................
............................................................
............................................................
............................................................
............................................................
............................................................
............................................................

## Eiliges

............................................................
............................................................
............................................................
............................................................
............................................................
............................................................
............................................................
............................................................
............................................................
............................................................

## Unwichtiges

............................................................
............................................................
............................................................
............................................................
............................................................
............................................................
............................................................
............................................................
............................................................
............................................................

## Nicht Eiliges

............................................................
............................................................
............................................................
............................................................
............................................................
............................................................
............................................................
............................................................
............................................................
............................................................

## Vorbereiten

## Verfolgen

## Lesen

## Anschauen

## Montag - 16. Nov 2020

..................................................................
..................................................................
..................................................................
..................................................................
..................................................................
..................................................................
..................................................................

## Dienstag - 17. Nov 2020

..................................................................
..................................................................
..................................................................
..................................................................
..................................................................
..................................................................
..................................................................

## Mittwoch - 18. Nov 2020

..................................................................
..................................................................
..................................................................
..................................................................
..................................................................
..................................................................
..................................................................

## Donnerstag - 19. Nov 2020

..................................................................
..................................................................
..................................................................
..................................................................
..................................................................
..................................................................
..................................................................

## Freitag - 20. Nov 2020

..................................................................
..................................................................
..................................................................
..................................................................
..................................................................
..................................................................
..................................................................

## Samstag - 21. Nov 2020

..................................................................
..................................................................
..................................................................
..................................................................
..................................................................
..................................................................
..................................................................

## Sonntag - 22. Nov 2020

## Anmerkungen

## Wichtiges

..................................................................
..................................................................
..................................................................
..................................................................
..................................................................
..................................................................
..................................................................
..................................................................
..................................................................
..................................................................

## Eiliges

..................................................................
..................................................................
..................................................................
..................................................................
..................................................................
..................................................................
..................................................................
..................................................................
..................................................................
..................................................................

## Unwichtiges

..................................................................
..................................................................
..................................................................
..................................................................
..................................................................
..................................................................
..................................................................
..................................................................
..................................................................
..................................................................

## Nicht Eiliges

..................................................................
..................................................................
..................................................................
..................................................................
..................................................................
..................................................................
..................................................................
..................................................................
..................................................................
..................................................................

## Vorbereiten

## Verfolgen

## Lesen

## Anschauen

## Montag - 23. Nov 2020

..................................................................
..................................................................
..................................................................
..................................................................
..................................................................
..................................................................
..................................................................

## Dienstag - 24. Nov 2020

..................................................................
..................................................................
..................................................................
..................................................................
..................................................................
..................................................................
..................................................................

## Mittwoch - 25. Nov 2020

..................................................................
..................................................................
..................................................................
..................................................................
..................................................................
..................................................................
..................................................................

## Donnerstag - 26. Nov 2020

..................................................................
..................................................................
..................................................................
..................................................................
..................................................................
..................................................................
..................................................................

## Freitag - 27. Nov 2020

..................................................................
..................................................................
..................................................................
..................................................................
..................................................................
..................................................................
..................................................................

## Samstag - 28. Nov 2020

..................................................................
..................................................................
..................................................................
..................................................................
..................................................................
..................................................................
..................................................................

## Sonntag - 29. Nov 2020

## Anmerkungen

| Wichtiges | Eiliges |
|---|---|
|  |  |

| Unwichtiges | Nicht Eiliges |
|---|---|
|  |  |

## Vorbereiten

..................................................
..................................................
..................................................
..................................................
..................................................
..................................................
..................................................
..................................................
..................................................

## Verfolgen

..................................................
..................................................
..................................................
..................................................
..................................................
..................................................
..................................................
..................................................
..................................................

## Lesen

..................................................
..................................................
..................................................
..................................................
..................................................
..................................................
..................................................
..................................................
..................................................

## Anschauen

..................................................
..................................................
..................................................
..................................................
..................................................
..................................................
..................................................
..................................................
..................................................

# Monatlicher Überblick

## Was funktioniert gut?

..............................................................................................................................
..............................................................................................................................
..............................................................................................................................
..............................................................................................................................
..............................................................................................................................

## Was muss geändert werden?

..............................................................................................................................
..............................................................................................................................
..............................................................................................................................
..............................................................................................................................
..............................................................................................................................

## Verbesserungen

..............................................................................................................................
..............................................................................................................................
..............................................................................................................................
..............................................................................................................................
..............................................................................................................................
..............................................................................................................................

| Mo. | Di. | Mi. | Do. | Fr. | Sa. | So. |
|---|---|---|---|---|---|---|
|  | 1 | 2 | 3 | 4 | 5 | 6 |
| 7 | 8 | 9 | 10 | 11 | 12 | 13 |
| 14 | 15 | 16 | 17 | 18 | 19 | 20 |
| 21 | 22 | 23 | 24 | 25 | 26 | 27 |
| 28 | 29 | 30 | 31 |  |  |  |

# Dezember
## 2020

| Ziele | Belohnungen |
|---|---|
|  |  |
|  |  |
|  |  |
|  |  |
|  |  |

## Montag - 30. Nov 2020

..............................................................
..............................................................
..............................................................
..............................................................
..............................................................
..............................................................
..............................................................

## Dienstag - 01. Dez 2020

..............................................................
..............................................................
..............................................................
..............................................................
..............................................................
..............................................................
..............................................................

## Mittwoch - 02. Dez 2020

..............................................................
..............................................................
..............................................................
..............................................................
..............................................................
..............................................................
..............................................................

## Donnerstag - 03. Dez 2020

..............................................................
..............................................................
..............................................................
..............................................................
..............................................................
..............................................................
..............................................................

## Freitag - 04. Dez 2020

..............................................................
..............................................................
..............................................................
..............................................................
..............................................................
..............................................................
..............................................................

## Samstag - 05. Dez 2020

..............................................................
..............................................................
..............................................................
..............................................................
..............................................................
..............................................................
..............................................................

## Sonntag - 06. Dez 2020

## Anmerkungen

## Wichtiges

..............................................
..............................................
..............................................
..............................................
..............................................
..............................................
..............................................
..............................................
..............................................
..............................................

## Eiliges

..............................................
..............................................
..............................................
..............................................
..............................................
..............................................
..............................................
..............................................
..............................................
..............................................

## Unwichtiges

..............................................
..............................................
..............................................
..............................................
..............................................
..............................................
..............................................
..............................................
..............................................
..............................................

## Nicht Eiliges

..............................................
..............................................
..............................................
..............................................
..............................................
..............................................
..............................................
..............................................
..............................................
..............................................

## Vorbereiten

## Verfolgen

## Lesen

## Anschauen

## Montag - 07. Dez 2020

..........................................................
..........................................................
..........................................................
..........................................................
..........................................................
..........................................................
..........................................................

## Dienstag - 08. Dez 2020

..........................................................
..........................................................
..........................................................
..........................................................
..........................................................
..........................................................
..........................................................

## Mittwoch - 09. Dez 2020

..........................................................
..........................................................
..........................................................
..........................................................
..........................................................
..........................................................
..........................................................

## Donnerstag - 10. Dez 2020

..........................................................
..........................................................
..........................................................
..........................................................
..........................................................
..........................................................
..........................................................

## Freitag - 11. Dez 2020

..........................................................
..........................................................
..........................................................
..........................................................
..........................................................
..........................................................
..........................................................

## Samstag - 12. Dez 2020

..........................................................
..........................................................
..........................................................
..........................................................
..........................................................
..........................................................
..........................................................

## Sonntag - 13. Dez 2020

..............................................................................................................
..............................................................................................................
..............................................................................................................
..............................................................................................................
..............................................................................................................
..............................................................................................................

### Anmerkungen

## Wichtiges

..................................................
..................................................
..................................................
..................................................
..................................................
..................................................
..................................................
..................................................
..................................................

## Eiliges

..................................................
..................................................
..................................................
..................................................
..................................................
..................................................
..................................................
..................................................
..................................................

## Unwichtiges

..................................................
..................................................
..................................................
..................................................
..................................................
..................................................
..................................................
..................................................
..................................................

## Nicht Eiliges

..................................................
..................................................
..................................................
..................................................
..................................................
..................................................
..................................................
..................................................
..................................................

## Vorbereiten

..................................................
..................................................
..................................................
..................................................
..................................................
..................................................
..................................................
..................................................
..................................................
..................................................

## Verfolgen

..................................................
..................................................
..................................................
..................................................
..................................................
..................................................
..................................................
..................................................
..................................................
..................................................

## Lesen

..................................................
..................................................
..................................................
..................................................
..................................................
..................................................
..................................................
..................................................
..................................................
..................................................

## Anschauen

..................................................
..................................................
..................................................
..................................................
..................................................
..................................................
..................................................
..................................................
..................................................
..................................................

## Montag - 14. Dez 2020

## Dienstag - 15. Dez 2020

## Mittwoch - 16. Dez 2020

## Donnerstag - 17. Dez 2020

## Freitag - 18. Dez 2020

## Samstag - 19. Dez 2020

## Sonntag - 20. Dez 2020

..................................................................................................
..................................................................................................
..................................................................................................
..................................................................................................
..................................................................................................
..................................................................................................

## Anmerkungen

| Wichtiges | Eiliges |
| --- | --- |
| | |

| Unwichtiges | Nicht Eiliges |
| --- | --- |
| | |

## Vorbereiten

..................................................
..................................................
..................................................
..................................................
..................................................
..................................................
..................................................
..................................................
..................................................
..................................................

## Verfolgen

..................................................
..................................................
..................................................
..................................................
..................................................
..................................................
..................................................
..................................................
..................................................
..................................................

## Lesen

..................................................
..................................................
..................................................
..................................................
..................................................
..................................................
..................................................
..................................................
..................................................
..................................................

## Anschauen

..................................................
..................................................
..................................................
..................................................
..................................................
..................................................
..................................................
..................................................
..................................................
..................................................

## Montag - 21. Dez 2020

## Dienstag - 22. Dez 2020

## Mittwoch - 23. Dez 2020

## Donnerstag - 24. Dez 2020

## Freitag - 25. Dez 2020

## Samstag - 26. Dez 2020

## Sonntag - 27. Dez 2020

## Anmerkungen

| Wichtiges | Eiliges |
|---|---|
| | |

| Unwichtiges | Nicht Eiliges |
|---|---|
| | |

## Vorbereiten

........................................................
........................................................
........................................................
........................................................
........................................................
........................................................
........................................................
........................................................
........................................................
........................................................

## Verfolgen

........................................................
........................................................
........................................................
........................................................
........................................................
........................................................
........................................................
........................................................
........................................................
........................................................

## Lesen

........................................................
........................................................
........................................................
........................................................
........................................................
........................................................
........................................................
........................................................
........................................................
........................................................

## Anschauen

........................................................
........................................................
........................................................
........................................................
........................................................
........................................................
........................................................
........................................................
........................................................
........................................................

## Montag - 28. Dez 2020

..................................................................
..................................................................
..................................................................
..................................................................
..................................................................
..................................................................
..................................................................

## Dienstag - 29. Dez 2020

..................................................................
..................................................................
..................................................................
..................................................................
..................................................................
..................................................................
..................................................................

## Mittwoch - 30. Dez 2020

..................................................................
..................................................................
..................................................................
..................................................................
..................................................................
..................................................................
..................................................................

## Donnerstag - 31. Dez 2020

..................................................................
..................................................................
..................................................................
..................................................................
..................................................................
..................................................................
..................................................................

## Freitag - 01 Jan 2021

..................................................................
..................................................................
..................................................................
..................................................................
..................................................................
..................................................................
..................................................................

## Samstag - 02 Jan 2021

..................................................................
..................................................................
..................................................................
..................................................................
..................................................................
..................................................................
..................................................................

## Sonntag - 03 Jan 2021

### Anmerkungen

|  Wichtiges  |  Eiliges  |
|---|---|
|  |  |

|  Unwichtiges  |  Nicht Eiliges  |
|---|---|
|  |  |

## Vorbereiten

## Verfolgen

## Lesen

## Anschauen